SAINTE GERMAINE COUSIN

VIERGE
ET BERGÈRE DE PIBRAC

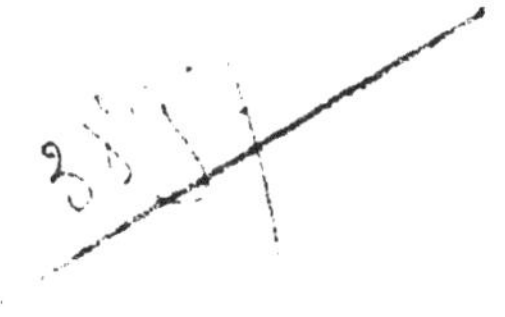

Se vend au profit de l'Asile Sainte-Germaine,
45, rue Desnouettes.

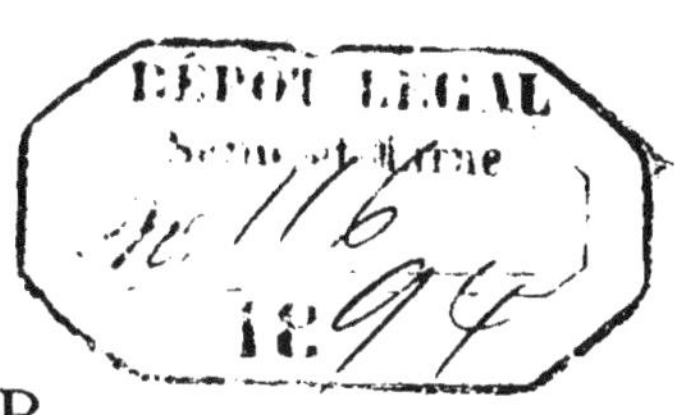

EDMOND DUPLESSIER

S^TE GERMAINE COUSIN

VIERGE

ET BERGÈRE DE PIBRAC

Au diocèse de Toulouse.

1579-1601

PARIS
LIBRAIRIE RETAUX-BRAY
VICTOR RETAUX ET FILS, SUCCESSEURS
82, RUE BONAPARTE, 82

1894

A

Mesdames Émile Pillet

et

Paul Chausson,

Fondatrices de l'Asile Sainte-Germaine de Pibrac.

Hommage affectueux.

E. D.

PRÉFACE

Un nouvel asile pour les jeunes filles incurables vient d'être fondé... et voici une nouvelle vie de sainte Germaine de Pibrac. « A quoi bon ceci et cela ? se demanderont quelques personnes, bien intentionnées d'ailleurs. N'avons-nous pas assez déjà de ces maisons charitables auxquelles l'argent chrétien suffit à peine? Quel besoin avait-on d'en augmenter le nombre? Et des livres, des livres de piété, des vies de saints, n'en sommes-nous pas inondés? » A PRIORI, *ces réflexions ne manquent pas de justesse. Sans doute, les œuvres de charité sont innombrables; mais, j'ose le dire, la charité, j'entends surtout la charité féminine, est grande dame... parfois.*

On présentait un jour à la Directrice d'un asile spécialement destiné aux jeunes filles incurables une pauvre enfant rongée par je ne sais quel abominable ulcère...

« *— Oh! nous ne pouvons recevoir ces sortes de malades... cela sent trop mauvais!...* »

Quand le Maître, le Christ, de son geste souverain, ordonna d'ôter la pierre du sépulcre où, depuis quatre jours, Lazare dormait son dernier sommeil, il ne songea point à l'infection de ce ca-

davre. Il était prévenu, pourtant. « JAM FÆTET », *avait-on dit. Qu'importe! Charité et gloire de Dieu obligent : « Lazare, lève-toi! »*

Eh bien! cette étrange réponse, d'une cruauté si naïve, si inconsciente, est comme la raison d'être de la nouvelle fondation. On a cherché, on a trouvé de saintes filles résolues à se dévouer jusqu'aux dernières limites. Elles ne se diront point, elles, que « cela sent mauvais! » Elles seront bonnes, douces, maternelles, et toutes les misérables trouveront enfin le toit où reposer l'abjection de leur corps pourri jusqu'aux moelles, l'asile où l'âme délaissée ouvrira ses ailes aux souffles d'en haut; — et quand viendra l'heure suprême, elles pourront mourir sereines en se sentant aimées.

Fonder un asile, c'est bien, et même, à la faveur de l'enthousiasme passager que toute œuvre de charité excite généralement, c'est facile ; le perpétuer, lui donner les moyens de vivre, voire de s'agrandir, est plus difficile.

Ce livre est un de ces moyens sur lesquels on compte pour amener à la nouvelle maison un peu d'argent, des secours de toutes sortes en nature : il est le héraut des Incurables. On pourra lui reprocher d'être écrit sans talent : l'Auteur, certes, n'y contredira pas. La seule chose dont il tienne à honneur de se prévaloir, c'est d'être, suivant la fière et robuste expression de Veuillot :

QUELQU'UN DU PEUPLE CHRÉTIEN.

PREMIÈRE PARTIE

SAINTE GERMAINE COUSIN

VIERGE
ET BERGERE DE PIBRAC

I

Dieu aime les humbles : *Abscondisti hæc a sapientibus et prudentibus et revelasti ea parvulis* (1)... Cette vérité n'est point nouvelle non plus qu'ignorée, ce thème est rebattu sans conteste. Depuis Bethléem les exemples abondent, les

(1) Ces choses, vous les cachez aux sages et aux prudents, et vous les révélez aux petits.

annales de l'hagiographie en regorgent, et, manifestement, il n'est pas nécessaire d'appuyer beaucoup sur ce sujet. Mais notre siècle est un siècle de progrès, et logiquement un siècle d'orgueil, le siècle de l'orgueil. Il croit à la toute-puissance et à l'infaillibilité de la science : il n'a plus besoin de Dieu... J'estime donc que ce lieu commun n'est pas hors de propos : certaines vérités, si éclatantes soient-elles, valent d'être répétées.

D'ailleurs, je n'irai pas chercher loin mes preuves et mes témoins. Les leçons n'ont pas manqué de nos jours; le malheur est qu'on ne les a guère entendues. Dieu aime les humbles, les très petits, les très ignorants.

Voyez à Lourdes. C'est à une pauvre fille de quatorze ans qu'apparaît la sainte

Vierge. Il y avait, avec Bernadette, d'autres enfants plus riches, mieux apparentés, plus instruits. Ils ne voient rien... Elle, sait tout au plus sa prière quotidienne, son chapelet; quand elle veut rejoindre ses compagnes, il lui faut se déchausser pour passer le gave : elle n'a rien qui puisse remplacer ce que pourrait détériorer l'eau du torrent; ses compagnes la prennent en pitié... Mais voici la grotte, et l'éclatante lumière céleste, et la Belle Dame au front auréolé d'étoiles! Sous ses maigres doigts, du sable stérile, voici que sourd l'eau miraculeuse. Un grand bruit se fait dans la France et le monde entier. Des prodiges éclatent, les foules se précipitent, une superbe basilique s'élève, le plus grand pèlerinage moderne est fondé. L'instrument? C'est

Bernadette, et Dieu l'a choisie parce qu'elle fut douce et humble de cœur!

Combien pauvres et ignorants aussi les deux enfants de La Salette! A onze ans, Maximin savait à peine le *Pater* et l'*Ave;* Mélanie, à quinze ans, faisait le signe de la Croix presque difficilement. C'est à eux pourtant que la Sainte Vierge va dire les terribles menaces connues de tous. — Plus tard, Maximin oubliera ou pourra être accusé d'oublier ces inoubliables scènes de l'apparition, et toutes les recommandations qui lui furent faites; sa conduite parut faire croire qu'il avait déserté : le monde est si mauvais et l'homme est si faible!

Enfin, plus récemment, c'était hier, à Pellevoisin, la Sainte Vierge apparaissait à Estelle Faguette, femme de chambre de la comtesse Arthur de La Rochefoucauld. Atteinte d'une péritonite subaiguë avec tubercules, elle était condamnée, elle allait mourir... Marie la guérit : « Va... et dis à tous que je suis la Toute Miséricordieuse... »

Tout ceci est concluant, je pense. Et s'il fallait d'autres preuves, la vie de sainte Germaine les apporterait amplement. Dieu a permis qu'elle fût canonisée de notre temps, comme pour ajouter encore aux grandes leçons d'humilité déjà et si souvent, et si inutilement données.

II

On peut dire de certains mots qu'ils ont une patrie, et plus audacieusement, un goût de terroir. Tel celui de Pibrac, le village où naquit la Sainte. Pibrac! ce nom évoque immédiatement le Midi et la splendeur de ses soleils, — et le chant des cigales stridentes... Il a toute la sonorité, toute la vie de là-bas...

A quelque dix ou douze kilomètres de Toulouse, Pibrac éparpille ses modestes maisons sur les flancs d'une colline en pente douce, dans les bouquets d'arbres, partout disséminés; au sommet du plateau, l'église paroissiale, avec son chœur hexagonal et ses deux modestes chapelles, dresse son vieux clocher en éventail. L'antique manoir des comtes de Pibrac s'élève un peu plus bas, dernier vestige des âges de foi, témoignant que jadis la première place appartenait à la Croix, à l'Eglise, à Dieu.

Le plus célèbre de ces seigneurs, Gui du Faur de Pibrac, passait pour grand magistrat, grand diplomate, grand orateur, même excellent poète moral, car il avait mis la morale en quatrains! Catherine de Médicis et Henri IV le vinrent visiter.

Bref, ce fut quelqu'un, même en ce

temps où les belles intelligences et les grands caractères ne manquaient pas. La paix sur messire Gui du Faur de Pibrac! Nul ne lit plus ses « quatrains moraux » ; personne ou à peu près ne sait qu'il exista... *Vanitas vanitatum*... Une malheureuse petite bergère infirme a fait plus pour la célébrité de ce village que ses puissants maîtres!

Serpentant autour de la colline, deux ruisseaux, au midi, confondent leur cours : le Courbet et l'Aussonnelle. Vers le nord, au delà du Courbet, la plaine s'étend jusqu'à la verte forêt de Bouconne, qui ferme l'horizon de son front perpétuellement houleux.

C'est de ce côté et par delà le ruisseau, dans la paix et la solitude de la campagne commençante, que se trouve la maison de sainte Germaine, une humble maisonnette aux toits surbaissés, sous l'ombre rare de quelques arbres poussés au hasard...

III

Vers la fin du seizième siècle, vivaient là un laboureur nommé Maître Laurent Cousin — Mestré Laourens, comme on dit dans le patois musical du pays — et sa femme Marie Laroche, deux bons chrétiens assurent les chroniques du temps. Ils n'étaient point tout à fait pauvres, car ils cultivaient un petit champ qui, avec quelques brebis, formait leur patrimoine.

Evoquer cette silhouette de paysan

obscur, — c'est, qu'on le veuille ou non, réveiller des souvenirs classiques et revoir le tableau que La Bruyère, un siècle plus tard, burinait de la pointe de sa plume âpre et mordante : « L'on voit certains animaux farouches répandus par la campagne, noirs, livides et tout brûlés du soleil, attachés à la terre qu'ils fouillent et qu'ils remuent avec une opiniâtreté invincible ; ils ont comme une voix articulée, et, quand ils se lèvent sur leurs pieds, ils montrent une face humaine, et en effet ils sont des hommes. Ils se retirent la nuit dans leurs tanières, où ils vivent de pain noir, d'eau et de racines : ils épargnent aux autres hommes la peine de semer, de labourer et de recueillir pour vivre, et méritent aussi de ne pas manquer de ce pain qu'ils ont semé... » J'aime à penser que Mestré Laourens ne fut point réduit à cette dure extrémité et qu'il ne perdit jamais figure humaine... D'ailleurs il faut se méfier des gens de lettres ; la vérité est le moindre de leurs soucis : une belle antithèse fait bien mieux leur affaire. Le peuple, surtout à l'époque où vécut La Bruyère, fut très éprouvé, nous en convenons.

Accablé d'impôts, écrasé d'exactions, il dut encore souffrir toutes les horreurs de la famine, les récoltes, plusieurs années successives, ayant manqué. Malgré tout je ne crois pas qu'il ait été si malheureux et je persiste à penser que ce tableau est poussé au noir... Et puis, quelques redoutables épreuves qu'il eût à traverser, le paysan d'autrefois savait où trouver la force et la résignation, il croyait.

De nos jours nous avons changé tout cela ! On a pris la Bastille et fait 89, puis 93. Le peuple est libre, le peuple est souverain. Certainement il ne croit plus à grand'chose, les théories du siècle ont dépeuplé les Cieux, mais il a son bulletin de vote, son journal et l'alcool. J'en passe et des meilleurs... Il crie bien encore et très haut que le Maître l'exploite, mais chacun sait que la réciproque se rapprocherait davantage de la vérité. L'argent court les rues, et aussi la débauche et aussi la misère. Nous n'avons point tant lieu de nous vanter.

Et ce peuple — le peuple souverain d'aujourd'hui — vous le rencontrez souvent, tel que le dépeignait La Bruyère, promenant sur les grandes voies qui de Paris rayonnent à travers la France l'insolence et l'orgueil de ses haillons.

Serf... non plus, mais homme libre, certes, et disposé à le prouver par des moyens qui n'ont rien de commun avec la morale évangélique. Hâve, noir, sale, déguenillé, c'est bien le type que dessina jadis le fameux écrivain ; mais dans le regard oblique que vous lance ce misérable, tout un monde d'idées nouvelles se reflète et... flambe. Il est l'opprimé, nous sommes l'oppresseur et, quelque jour, l'opprimé étranglera l'oppresseur sans plus se soucier de la légalité ni des Immortels Principes.... Semeurs d'athéisme, semeurs de tempêtes.

Gens de bien, croyez-moi, la religion

a du bon tout de même et vous avez grandement tort d'en dépouiller le pauvre peuple et de vous en débarrasser vous-mêmes.

IV

Or, en 1579, sous le pontificat de Grégoire XIII, Marie Laroche donna le jour à une petite fille percluse du bras droit et atteinte de scrofules qui reçut, au baptême, le nom de Germaine.

Mystérieux desseins d'en haut ! Dès le premier jour de son existence, la souffrance s'installait en maîtresse dans ce corps frêle et presque atrophié : la mère avait légué à son enfant sa chétive et précaire santé...

De quels soins et de quelle tendresse Germaine fut entourée, il est inutile de le dire. Enfant unique, enfant souffreteuse... Ah ! comme une mère se donne et s'abandonne alors ! Comme elle se donna et s'abandonna, Marie Laroche !

Elle éleva Germaine — si peu de temps, jusqu'à cinq ans ! — en lui montrant le ciel, en lui parlant de Dieu, de ses saints et de ses anges. Elle se hâtait, car déjà, sans doute, elle se sentait perdue et connaissait que ses jours étaient comptés ! Les mères ont de ces étranges et souveraines presciences. A cette âme toute neuve, elle s'efforçait d'inculquer tout ce qui est la vérité, tout ce qui est le soutien, le réconfort et la lumière de la vie ; elle la fit croyante, elle la fit robuste dans sa croyance...

Sans doute Germaine était bien jeune pour comprendre tous les profonds et austères enseignements qui lui furent donnés ; maintes choses demeuraient obscures dans sa toute petite intelligence, mais elle avait confiance dans la parole maternelle, cette parole qui tombait lente et grave des lèvres de la malade... Elle aussi, dans sa naïve ignorance, aurait pu dire ce mot d'une pauvre femme que j'entendais naguère : « Le bon Dieu..., je sais bien qu'il existe, allez, Monsieur, parce que ma mère me l'a dit. »

Et la bénédiction de Dieu était sur elles, sur ces deux âmes si intimement unies l'une à l'autre, sur Marie qui allait laisser sa fille orpheline, sur Germaine qui, désormais, n'aurait plus d'autre appui que le Père Céleste.

V

L'heure funèbre sonna. Auprès du cadavre de sa mère morte, la pauvre enfant estropiée demeura seule, à jamais seule. C'était fini !... Maman ! dut-elle s'écrier dans ses sanglots.

Maman ! C'est le cri de tous les âges, de toutes les souffrances, le cri instinctif jailli des profondeurs de l'âme humaine, aux heures de détresse, de désespoir et d'abandon. Malheur à ceux qui le prononcent sans que la voix connue, aimée, attendue, réponde : « Mon enfant. »

« Le ciel a voulu que la mort d'une mère ne fût pas un désespoir de longue durée, afin que la tendresse maternelle restât toujours, et même dans le souvenir, le baume sans amertume qui calme, console et fortifie. » Il a raison, l'auteur qui parle ainsi, et pourtant... même après de longues années, parmi toutes les vicissitudes de la vie la plus agitée, à certains moments d'angoisse et de trouble, subitement, la plaie qu'on eût pu croire cicatrisée se rouvre et saigne son amer regret, et le cri, toujours le même, jaillit de nouveau spontané, déchirant : « Maman ! » Car rien ni personne ne peut remplacer celle qui est partie.

Dieu soit loué, cependant !... Les mères

meurent, hélas! mais non pas tout entières; aux heures mauvaises, quelque chose d'elles redescend de là-haut vers l'orphelin accablé, quelque chose de doux, d'enveloppant comme une caresse, de réconfortant comme la parole jadis tant aimée. Alors on sent qu'Elle est là, invisible sans doute, mais toujours bonne, toujours maternelle...

Entre celle qui est partie et l'enfant qui est demeuré, une mystérieuse et effective communion s'établit d'où découlent consolations et courage!... Illusion, objecteront certains esprits positifs! Mirage d'un cœur sensible, diront les autres. Qu'importe! Nos mères sont mortes et nous sentons qu'elles ne nous ont point quittés. Dieu soit loué!

Ainsi en fut-il pour Germaine... Elle

eut cette nette perception que la pierre du sépulcre ne scellait pas tout un passé de tendresse, de confiance et de conseils, qu'elle ne l'avait pas complètement perdue, — celle qui avait été, suivant le mot d'un grand évêque, « son premier agenouilloir », celle qui l'avait léguée à Dieu...

A Dieu! oh! certes, elle était bien toute à Lui. A qui eût-elle pu aller? et qui donc aurait compris les infinies délicatesses, l'amour infini dont son âme si jeune surabondait déjà!

VI

Maître Laurent se fatigua vite de son veuvage ; joindre aux soucis de son petit troupeau et à la culture de son champ le soin de la maison ; s'occuper de Germaine incapable par ses infirmités autant que par son jeune âge de rendre le plus léger service... c'était trop lourd pour cet homme qui sans doute était bon, mais surtout dépourvu d'énergie et de volonté comme on le verra dans la suite. Il décida de se remarier — de donner une seconde mère à son orpheline, disent de bons auteurs charitables. A quoi, j'ose le prétendre, le pauvre homme ne pensait guère ou peu s'en faut. Et c'est lui faire trop d'honneur que lui attribuer un but aussi élevé. Non, Laurent se remaria pour mettre fin à tous les ennuis de sa vie solitaire, parce que le paysan ne peut point voir sa maison vide. Il espérait que sa fille serait mieux soignée, soit, mais je pense que sa sollicitude n'allait pas plus loin.

Il arriva ce qui arrive fréquemment... La nouvelle venue prit immédiatement Germaine en aversion : il faut être réellement mère — ou sœur de charité, fille de Dieu — pour aimer sans arrière pensée, parfois sans dégoût, les déshérités, les misérables et les souffrants. De plus, de nouveaux enfants survinrent... C'en fut assez. Non seulement la pauvre Germaine n'eut plus de mère, — mais son père l'abandonna et le foyer où elle avait tant de titres à s'asseoir et à être choyée, lui devint pis qu'un foyer étranger. Elle était de trop, elle avait tort de vivre... et la belle-mère le lui fit voir avec toute la méchanceté dont sont capables certaines natures perverses.

Ceci est un fait d'expérience : l'homme, par essence, est égoïste et il faut toutes les ressources de la religion, de la morale, de l'éducation et du milieu, il faut les leçons de la vie — souvent si cruelles — pour ouvrir son cœur et l'élargir. La femme, au contraire, est d'instinct dévouement, charité, sacrifice ; elle est faite pour la bonté et l'amour...

Mais quand elle trahit sa vocation, violente sa nature et déserte la loi de son être, elle n'est plus femme, elle n'est plus mère, elle est moins que l'homme le plus mauvais, elle est la marâtre, l'infâme mégère, elle a tous les raffinements de la plus implacable et de la plus atroce cruauté. — Si l'on en doute, qu'on ouvre les journaux.

Mais comment se nommait la seconde femme de Mestre Laurens?... J'ai consulté toutes les biographies de notre sainte. Nulle part, rien... Cette femme n'a pas de nom. Les premiers qui eurent à s'occuper d'elle ont pensé avec raison que le silence était encore le plus significatif châtiment qu'on pût infliger à sa mémoire. Pas de nom? Je me trompe, elle en a un... et plût au ciel qu'elle ne l'eût pas mérité ! Elle n'est pour personne ni l'épouse, ni la mère, ni même la belle-mère, elle est la marâtre ! On marquait jadis d'une fleur de lis et de lettres, au fer rouge, des bandits qui ne furent point si irrévocablement brûlés que cette femme. Mort l'homme, morte la flétrissure ! — Mais elle... tant qu'on parlera de sainte Germaine, tant qu'on racontera sa vie et ses miracles, tant que durera le monde enfin, j'imagine, elle sera désignée de ce seul mot : La Marâtre ! Ce mot-là est indélébile, éternellement.

VII

La marâtre fit son œuvre... A l'enfant qui ne demandait qu'à aimer et obéir, qui se faisait toute petite comme pour tenir moins de place dans cette maison où, vaguement, elle sentait tant de sourde hostilité, elle prodigua sans justice, cela va sans dire, mais encore sans mesure et sans vergogne, tous les plus inqualifiables mauvais traitements et les pires vexations. Elle répondait à sa douceur par de la colère, à ses paroles de tendresse par les apostrophes les plus insultantes et les plus venimeuses, à ses caresses par des coups !

Oh ! pitié ! qu'une femme ait pu rester insensible devant cette enfant si soumise et si affectueuse ; qu'une femme, une mère ait pu repousser avec horreur l'orpheline malade, cherchant et appelant, mais en vain, des bras et un cœur où se jeter et se reposer !

Et Laurent Cousin, le père, le maître, fermait les yeux pour ne point voir, laissait faire...

Quelque temps se passa ; la venue de frères et sœurs mit le comble à l'infortune de Germaine. Jusque-là, on l'avait soufferte ; les nouveaux berceaux la firent chasser. Quoi donc ! elle entrerait dans la maison, s'asseoirait au foyer près des tout-petits, les embrasserait sans doute? Mais ne va-t-elle pas leur communiquer les germes de son horrible maladie? les contaminer? Les enfants de la marâtre ressembler à cette malheureuse paralysée et couverte de plaies!... Cela ne peut pas se souffrir. Cela ne sera pas!... D'ailleurs elle était assez grande, assez âgée pour gagner son pain; elle avait de sept à huit ans, disent certains auteurs!!! Et pour se débarrasser d'elle, pour l'éloigner, il fut décidé qu'elle irait désormais garder le petit troupeau paternel...

Maître Laurent, soit lassitude, soit faiblesse, courba le front et consentit à tout ce qu'on voulut... Et maintenant regardons, contemplons la « pastoure », la pauvre pastoure! Telle nous allons la voir, telle elle sera jusqu'au jour où, sa tâche finie, elle ira se reposer auprès de Dieu.

Vètue... on ne sait comment, de quelques misérables hardes voilant mal son corps amaigri et souffreteux, jambes et pieds nus, par toutes les saisons et tous les temps, elle partait, le matin, suivie de son petit troupeau, avec une quenouille à filer pour occuper son oisiveté... Un morceau de pain noir, donné comme à regret, oublié parfois, — c'était de quoi nourrir et soutenir ses huit ans ! — ... Au soir tombant, Germaine rentrait, très sûre d'avance de l'accueil — toujours le même — qui lui était fait... Le troupeau était au complet, la quenouille filée... Elle n'avait pour tout merci que des rebuffades et des injures, heureuse quand on n'y joignait pas quelques mauvais traitements... Elle n'avait pas le droit d'entrer dans la maison, de se joindre à ses frères et sœurs, de prendre place à la table familiale..., on lui jetait de nouveau un morceau de pain qu'elle allait manger dehors, où bon lui semblait, près de ses bêtes, et puis elle s'étendait sous un escalier, à la porte de l'étable, pour y passer la nuit... Quant à ce lit où elle reposait, il était fait de quelques bottes de mauvais sarments et elle y couchait tout habillée...

Cela dura quelque douze ans !

O bonne mère endormie du grand sommeil, bonne Marie Laroche, vois comme ils traitent ta fille tant aimée. Et comme il t'a bien oubliée, celui qui t'avait donné son nom, le père qui laisse ainsi martyriser son enfant !...

Pourtant, ne la plaignons pas trop, la pauvrette... Si la maison paternelle lui était hostile, la campagne l'accueillait en amie. C'est avec un frémissement de joie intérieure qu'elle s'éloignait, chaque matin, pour aller chez le Bon-Dieu, comme elle devait se dire dans la naïveté de son intelligence enfantine.... Au hasard, par les champs où l'aube mettait ses premières lueurs roses, dans l'harmonieux et sonore réveil des êtres et des choses, elle s'en allait... De suite, un grand apaisement, une grande sérénité l'enveloppaient, et, sans effort, par l'élan naturel de son âme pure et bénie, elle levait les yeux vers le ciel et commençait une prière, un hymne de résignation et d'amour, simple, candide, ardent, toujours repris, toujours redit et qu'interrompait seulement, au soir, sa rentrée à l'étable... « Laissez venir à moi les petits enfants ! » Elle allait à Dieu, comme jadis elle allait à sa mère, et de mystérieuses clartés illuminaient, d'indicibles délices inondaient son âme emparadisée.......

... Lentement, par bonds capricieux, avec des retards gourmands, ou des échappées folâtres, dans le bruit clair des sonnettes et la mélancolie des bêlements doux, le petit troupeau, surveillé par le chien débonnaire, escortait la petite pastoure !

VIII

Or, c'est en vain que la marâtre exagérait ses emportements, prodiguait de plus nombreuses avanies, même la frappait jusqu'à faire jaillir le sang .. Germaine ne se plaignait pas, ne pleurait pas, ne faisait entendre ni murmure, ni protestation.

Victime d'une autorité sacrée, elle se courbait, elle se taisait. Elle était patiente... Plus d'une fois, sans doute, l'affreuse mégère qui la torturait se prit à espérer quelque mouvement de révolte, de colère ou même d'impatience .. car toute révolte appelle la répression et légitime, dans une certaine mesure, le châtiment... Ce fut en vain. L'enfant ne changea rien à sa manière d'être, demeura serviable, prévenante, dévouée, obéissante.

Autour d'elle, on commença de témoigner quelque étonnement : ce n'est point la règle ordinaire de voir tant de soumission, ni de persévérance dans la patience. Faute de comprendre et probablement faute de chercher, les bonnes gens les plus charitables en conclurent que Germaine était idiote pour le moins ! D'autres la traitèrent d'hypocrite... Plaisant exemple du bon sens populaire ! « Cette enfant est sage; on la bat cependant, et elle ne dit rien... Donc, elle est hypocrite... » A quoi lui aurait bien pu servir son hypocrisie? On ne sait pas... mais ce raisonnement ne manque pas de saveur...

D'autres enfin, et ce ne furent ni les moins nombreux ni les moins bruyants, la déclarèrent bien et dûment convaincue de « bigoterie ». Si ce joli mot a, de nos jours, le sens du bon vieux temps, il se compose d'un alliage, par parties égales, d'idiotie et d'hypocrisie... Ce n'est pas rien. Aussi les penseurs, et même beaucoup qui ne pensent pas, ont-ils souvent la prétention d'écraser sous ce mot énorme des gens qui, ma foi, se portent assez bien et ne sont pas plus sots que leurs voisins...

Idiote, hypocrite, bigote... C'est donc

la synthèse des aménités qui, journellement, lui étaient adressées. — Les humbles, les faibles et les impuissants ont toujours tort : il y a de par le monde tant de petits esprits qui, pour se faire pardonner leur couardise et leur insuffisance, ne perdent jamais une occasion de donner aux malheureux le vrai coup de pied de l'âne...

Germaine ne répondait pas, ne répondit jamais ! On eût pu la croire insensible, non ! elle souffrait, mais elle jouissait de sa souffrance parce qu'elle l'aimait. Sa mère lui avait montré la voie et enseigné qu'il faut se tenir aux pieds de la Croix, parce que la vie est mauvaise, et amère, et pleine de tribulations, et que là seulement est la résignation, le courage et la paix. Elle s'y tenait ! Elle aimait la part que le Seigneur lui avait faite, cette part si pleine d'épines! Elle aimait la souffrance!

Aimer la souffrance... Il y a plusieurs façons de l'aimer qui ne sont pas également bonnes... Certains, fièrement campés, bravent et défient le hasard, la mauvaise fortune et Dieu même... Quoi qu'il advienne, ils sont debout, enfermés dans leur orgueil comme dans une inexpugnable forteresse, et il ne leur déplaît pas d'être la proie du malheur pour montrer au monde émerveillé leur endurance et leur merveilleuse élasticité morale... On dirait de ces grands oiseaux aux larges ailes qui, sur l'Océan, jouent avec les tempêtes... Mais parfois une vague les roule — et les emporte.

D'autres, que la douleur a meurtris de

bonne heure et jetés dans les bras de Dieu, ont senti, à cette rude école, grandir leur amour et se développer leur foi; songeant au Maître crucifié — ils s'estiment heureux de pouvoir, eux aussi, gravir le Calvaire. Ainsi de Germaine. Souffrir... c'était se rapprocher de Dieu... Sa mère le lui avait dit, elle le sentait chaque jour davantage.

IX

Ce que sèment les mères — et surtout celles qui vont mourir — est rarement semence perdue... On a pu le constater, Germaine, dans sa vie quotidienne, témoignait de qualités et de vertus bien au-dessus de son âge. C'est que les enseignements et les conseils de Marie Laroche n'étaient point tombés dans une terre stérile, dans une âme ingrate. La pieuse enfant, docile aux voix d'en haut, toujours prête à correspondre à la grâce, faisait de rapides progrès dans la sainteté. Nul ne s'occupait d'elle, elle n'avait pas de maître et ne savait point lire; les Dimanches seulement, à la messe, il lui était donné d'entendre prêcher la parole de Dieu... Quelle vie étrange, vide, déprimante, en apparence, que cette vie-là.

Mais la solitude parle à qui sait faire taire toutes les voix profanes; où nul appétit malsain ne demeure, l'Esprit descend, rayonne, illumine; quand la créature est absente, Dieu est présent...

Dieu était présent dans le cœur de Germaine; Il était présent toujours et partout, Il présidait à ses plus petites actions, inspirait ses plus intimes pensées. Elle vivait dans l'atmosphère du Bon Dieu.

Aussi quand elle était au large, dans la campagne, ou plus loin, sur les confins de la forêt de Bouconne, que rien ni personne ne venait la troubler, elle s'agenouillait devant quelque croix de bois façonnée de ses mains débiles et suspendue au tronc d'un arbre — et, pendant des heures, mains jointes, elle restait en prières et en contemplation.

Un soir, racontent certains biographes, des passants attardés entendirent s'élever de l'étable où se tenait habituellement sainte Germaine une aérienne mélodie inconnue. Ils s'avancent, — elle cesse; — par l'étroite fenêtre, ils regardent. Germaine, le front nimbé de feu, les bras levés, à genoux, priait en extase. Ils veulent pénétrer, s'assurer qu'ils ne sont point le jouet d'une hallucination ou de quelque diablerie... Mais les voix célestes, les voix inconnues recommencèrent à chanter... Alors ils s'enfuirent, pris de peur.

X

L'heure enfin sonna qui devait mettre le comble aux saintes joies de Germaine et le sceau à sa vie toute d'immolation et de sacrifices. Elle fut admise à faire sa première communion...

Cela ne se passait pas en ce temps-là comme de nos jours... et, vraisemblablement, son humilité et sa jeunesse habituées à la sérénité silencieuse de la campagne, à la paix des grands espaces, auraient souffert de ces imposantes cérémonies que nous connaissons tous. — Tant de bruit, de fleurs, de lumière, de musique, — tant de toilettes... tout cela aurait effarouché cette âme perpétuellement en présence de Dieu.

Aujourd'hui, avec la diminution croissante de l'idée religieuse, nous avons besoin de frapper les imaginations, de faire grand! — C'est la fête chrétienne et populaire par excellence, celle qui remue dans les tréfonds les plus intimes du cœur les meilleures et les plus saintes émotions. Aux parents elle rappelle les temps lointains et presque oubliés où ils croyaient, dans toute la ferveur de leurs douze ans; aux enfants elle imprime, comme à vif l'empreinte divine, afin qu'à l'heure dernière, malgré toutes les faiblesses et tous les égarements, ils obtiennent, les uns et les autres, pitié et miséricorde : souvenirs de première communion, souvenirs de salut!...

Alors, en ces siècles de foi, nul apparat, nulle fête spéciale. Un jour, avec l'autorisation du curé de la paroisse, l'enfant jugé digne de faire sa première communion venait, accompagné de ses parents, à l'église et se mêlait aux fidèles agenouillés à la Table sainte.

Ainsi en fut-il pour Germaine, le jour de la Pentecôte 1591.

Plus d'un, parmi les assistants, eut un regard de profonde commisération, de pitié, de dédain peut-être, pour la pauvre infirme tant raillée et persécutée, qui se levait et pieusement s'acheminait vers l'autel.

Sa face était pâle, de cette pâleur

étrange qui vient des émotions trop fortes, quand tout le sang reflue au cœur et qu'on ne sait plus si l'on ne va pas mourir ; sa face était pâle et comme une lueur d'extase y resplendissait.

Et Germaine reçut son Dieu. Ici, tout commentaire est superflu ; il est des choses qui ne peuvent se rendre, et la parole humaine est impuissante à dire ce qui vient du ciel.

XI

De cette première entrevue, face à face, avec le Divin Maître, l'enfant garda bien plus que le souvenir ému dont chacun de nous a goûté le charme; un frisson intérieur, un élan passionné la secouaient chaque fois qu'elle songeait à ces minutes de bonheur infini. Et parce que sa vie était une prière continuelle, une continuelle aspiration de son cœur virginal montait vers Dieu... Oh! revoir l'autel, et le tabernacle ouvert, et le prêtre dans ses mains bénies tenant l'Hostie immaculée ! Tendre encore ses lèvres !... Oh ! communier encore !

Un matin, le son de la cloche paroissiale vint la troubler au milieu de son troupeau, disséminé dans la plaine. En notes sonores, lentes et douces, la cloche lui parla... *Veni, columba mea.* Viens, ma colombe... Elle n'hésita pas ; elle laissa autour de sa houlette plantée en terre, et sous l'œil de son chien, ses dociles brebis : elle partit, elle courut à l'église...

La messe entendue, elle revint... Rien n'avait bougé... Le chien sommeillait et le troupeau paissait, au hasard, tranquillement, sous la garde de quelque invisible berger... Désormais, elle n'hésita plus ; chaque jour, quand l'heure en sonnait, elle partait pour revenir la messe entendue. Dans la soirée, elle s'éloignait encore, allait s'agenouiller à l'église, s'entretenait avec le Seigneur Jésus, puis rentrait à la maison paternelle.

Jamais mouton ne s'écarta, ni ne se perdit; aucun dégât, rien... Ce que Dieu garde est bien gardé. De la forêt de Bouconne, par les nuits d'hiver, souvent les loups sortaient et se jetaient sur les troupeaux de ses compagnes. Le sien fut toujours épargné...

Alors, certaines gens commencèrent d'ouvrir les yeux et se dirent qu'elle était bien puissante ou bien protégée, la petite pastoure. Un peu de respect, un peu de vénération allaient à elle; on la raillait moins; même, on consentait à ne plus trop l'appeler idiote, hypocrite, cafarde ou bigote.

Germaine n'entendait et ne voyait rien, non plus qu'auparavant. Le curé de Pibrac, à qui elle avait confié toutes les secrètes aspirations de son âme, lui permettait la communion de plus en plus fréquente ; toute sa vie se passait à désirer cette heure-là, à l'appeler, à s'en souvenir, à l'appeler encore ; un perpétuel hosannah d'amour et de reconnaissance montait de son cœur transporté.

Dans la journée, quand sa quenouille était filée, elle disait son Rosaire ; c'était là sa prière favorite, le salut filial redit avec tendresse à sa Mère du Ciel, qui l'avait si visiblement prise sous sa protection. Où qu'elle se trouvât, dans les chemins détrempés de boue, sur les bords du ruisseau, quand l'*Angelus* tintait, elle tombait à genoux et disait l'ineffable prière; et jamais, d'après les traditions précieusement conservées, elle ne se releva salie ou mouillée.

Je ne pense pas qu'il soit bien nécessaire d'insister sur la dévotion particulière que Germaine avait pour la Sainte Vierge : d'autres auteurs l'ont fait avant moi et copieusement. Elle aimait Marie par cette seule raison que les enfants aiment toujours leur mère; et, depuis que Marie Laroche était morte, l'orpheline s'était tournée vers Marie comme vers sa mère.

XII

Toute la vie de Notre-Seigneur peut, il me semble, se résumer en ces deux mots : « Amour et Charité. » Nous avons vu comme Germaine, en fidèle disciple, s'efforçait d'imiter le Maître. Nous avons vu comment et combien elle aimait, et voici, brièvement, comme elle entendait la charité vis-à-vis de son prochain.

Faire du bien, donner à ceux qui n'ont rien, couvrir ceux qui sont nus : voilà une des formes, la forme corporelle de la charité. Elle était interdite à Germaine. Qu'aurait-elle donné, la pauvrette? Elle était vêtue de haillons et n'avait pas, tous les jours, assez de pain pour sa nourriture. Cependant Germaine donnait son pain; elle le donnait malgré les objurgations de sa marâtre, dont tant de vertu augmentait la furieuse aversion, malgré les coups qu'elle ne manquait pas de recevoir quand elle était prise en flagrant délit d'aumône; enfin et surtout malgré les tortures que provoquait un jeûne prolongé... Un peu d'herbe, quelques baies cueillies dans les buissons : c'est avec cela qu'elle apaisait sa faim.

Donner son pain, c'est bien; donner la vérité par la prière, la parole ou l'exemple, c'est mieux, c'est tout. En certaines circonstances, un mot suffit pour éclairer, pour prévenir une chute, pour relever, pour donner du courage ; ce mot, elle savait le dire à propos, avec douceur et bonté. Et, dans sa bouche, cela prenait tout de suite plus d'ampleur et de force, car toute sa vie pieuse, étalée au grand jour et connue de tous, attestait sa sincérité — et la sainteté de ses enseignements. Elle disait librement ce que son zèle chrétien lui commandait de dire, et nulle raillerie ne la rebuta jamais... Les petits enfants allaient à elle, les petits enfants si avides de caresses, de baisers, de bonnes paroles, de beaux récits. Germaine savait les attirer, les garder et les instruire... Combien lui ont dû le peu des courtes joies que l'homme est appelé à goûter sur la terre : — je ne parle pas des choses éternelles.

En ce temps-là, le protestantisme sévissait avec une particulière intensité; ses adeptes étaient nombreux, leur propagande active, l'effet moral profond. Un vent de doute et d'anxiété soufflait sur ce catholique pays de France; et plus d'une âme troublée se demandait si la vérité n'était pas là, avec ces nouveaux venus, si la religion n'avait pas fait son temps.

On jetait le discrédit sur ce pieux culte des reliques et des saintes images; bien plus, on affirmait la nécessité de réformer l'Eglise, — car l'Eglise ne peut pas se plier à la taille de certaines petites gens... L'idée n'était pas nouvelle, et maintes fois, depuis, elle a été reprise... Elle est toujours reprise, sans succès du reste. — On attaquait la nécessité de la communion fréquente; enfin, on allait jusqu'à traiter d'idolâtrie le culte de Marie. Pensée vraiment satanique. Combien, en effet, dont cette bonne Mère a sauvegardé la foi et la vertu; combien qui, par Elle, après une vie passée loin de Dieu, se sont endormis avec le Crucifix entre les mains! N'est-Elle pas en quelque sorte le lien qui unit le ciel à la terre, le trait d'union entre l'homme et Dieu?

Sans doute Germaine ignorait tout cela, ou ne le connaissait que vaguement et par ouï-dire; mais sa conduite était la triomphante réponse à tant d'hérésies. Elle donnait les superbes leçons de l'exemple et elle priait, à plein cœur, pour tous les faibles, les souffrants; pour tous ceux qu'elle connaissait et qu'elle aimait, pour tous ses frères dans le Christ qui luttaient la terrible lutte quotidienne...

Vie toute de charité, vie sainte, vie bénie.

XIII

D'ailleurs Dieu semblait la désigner manifestement à l'attention de tous et consacrer par d'éclatants témoignages la vertu de sa servante. Et voici ce que racontent tous les biographes de Germaine en des termes à peu près identiques.

Le Courbet sépare, on peut s'en souvenir, le village et l'Eglise, du plateau où se trouve la chaumière de Germaine et de la plaine où ses brebis avaient coutume de paître. Chaque matin et chaque soir elle franchissait ce ruisselet qui, dans la belle saison, mène sa fuite insensible avec un léger murmure sur son lit de cailloux blancs... Mais quand les mauvais temps surviennent, il se gonfle et prend vite des allures de torrent ; et le passage devient plus difficile, sinon dangereux. Or, un matin, répondant à l'appel coutumier de la cloche, Germaine descendait le sentier creux qui mène au Courbet. Toute la nuit la pluie avait fait rage : le gué était submergé... « Que va-t-elle faire ? » se demandaient avec la malice amère de certains mauvais cœurs des paysans qui, de l'autre côté du ruisseau, la regardaient curieusement s'avancer, le chapelet à la main, toute à son oraison, ignorant l'obstacle imprévu qui allait se dresser sur sa route. Que va-t-elle faire, bonnes gens ? Mais, ce qu'elle a coutume de faire ; elle suit sa route... Voici le torrent, voici l'obstacle... Elle ne voit rien... Elle passe au milieu des eaux qui s'écartent et se referment derrière elle... Vingt fois pareil fait se reproduisit sans qu'elle parût même s'en apercevoir : elle conversait avec le Bien-Aimé...

Le troupeau qui se gardait seul, le Courbet traversé, cela ne laissa pas de faire beaucoup de bruit. Est-ce que vraiment cette petite fille à mine de mendiante ne serait pas ce que nous croyions ? se demandait-on à Pibrac.

Un miracle plus éclatant encore vint mettre la sainte en pleine lumière. Malgré les remontrances de son père qui avait constaté un jour combien les jeûnes qu'elle s'imposait débilitaient sa santé déjà si fragile, malgré les injures et les coups de sa marâtre, Germaine n'en continuait pas moins de faire aussi souvent que possible l'aumône de son pain à de plus malheureux qu'elle. Elle recueillait avec soin, lorsqu'elle était sûre de n'être pas surprise, les morceaux que ses frères et sœurs jetaient ou perdaient : cela augmentait ses petites ressources de charité... La marâtre le sut. Comment ? Peut-être en passant l'inspection de la panetière, peut-être par quelques bavardages de bons voisins... Elle laissa s'éloigner la pastoure, et puis, armée d'un bâton, furieuse, elle se précipita sur l'innocente : « Ouvre ton tablier, voleuse ! »... Ce fut probablement la plus bénigne de ses apostrophes !

Humble et résignée, Germaine obéit...

En flots odorants et suaves des fleurs roulèrent à terre, des fleurs qu'on ne connaissait point à Pibrac...

De loin, des passants regardaient la scène ; plusieurs même s'avançaient pour protéger la pauvre enfant...

... Et sous le ciel gris de cette journée d'hiver, la bise passait, âpre et glaciale.

XIV

Du coup, ce fut fini de toutes les railleries et de tous les mauvais traitements. Dans le village on saluait bien bas, avec un bon sourire, Celle qui, naguère encore, ne récoltait que dédain et mépris, et qu'on appelait désormais « La Sainte ».

A la maison paternelle on lui rendit enfin justice. « Mestre Laourens » se souvint qu'elle était sa fille, — et jugea qu'elle avait assez souffert. Il la serra dans ses bras, mêla, dit-on, ses larmes aux siennes, lui voulut rendre sa place au foyer parmi les siens... La marâtre consentit à ne plus la traiter comme une étrangère et une pestiférée... — En vérité, puisqu'une dernière fois cet homme et cette femme apparaissent dans ce récit, c'est un soulagement pour la conscience de constater combien tous deux inspirent d'antipathie et d'aversion — l'un par sa faiblesse, sa lâcheté et son inexplicable indifférence de cœur; quant à l'autre... mais nous le savons bien, c'était la marâtre.

Germaine, insensible en apparence à ce prodigieux retour, ne voulut rien changer à sa vie mortifiée. Elle réclama ses fatigues quotidiennes, son troupeau, son pain noir, et, le soir, sa couche de sarments sous l'humide escalier. Rien ne put entamer son humilité. Au contraire, elle se fit d'autant plus petite, se jugea d'autant plus méprisable qu'elle recueillait, autour d'elle, plus de témoignages d'affection, de respect et d'admiration. Plus que jamais elle regarda en haut et se détacha de la terre.

L'heure allait sonner de la récompense. Au commencement de l'année 1601, dans une de ses oraisons, son Ange Gardien lui apparut et lui annonça sa fin prochaine. Son confesseur prévenu, — elle se prépara, par un redoublement de ferveur, à paraître devant Dieu.

Une nuit d'été de cette même année, deux religieux en voyage aux alentours de Pibrac eurent, tout à coup, cette vision : Dans une lumière éclatante un cortège de vierges descendait des profondeurs du ciel vers Pibrac et la chaumière de Laurent Cousin — et bientôt reprenait son vol : au milieu, une autre vierge vêtue de blanc et couronnée de fleurs champêtres...

Cette nuit-là, Germaine mourut. Ici, deux versions sont en présence. Quelques auteurs affamés de poésie et d'effet prétendent qu'elle rendit le dernier soupir, entourée des siens, avec le prêtre à son chevet...

D'autres, qu'un matin, tandis que le petit troupeau, étonné de ne point voir se lever la bergère à l'heure accoutumée, poussait ses bêlements d'appel, un de ses jeunes frères accouru la trouva sur son grabat, sans vie... Ceci me paraît plus logique, mieux dans l'ordre habituel des desseins d'En-haut. Comme elle avait vécu, seule avec le Bon-Dieu — elle devait mourir doucement, saintement, souriant à la mort qui venait la délivrer... enfin ! Et, sans doute, ils étaient tous là, ceux qu'elle aimait pardessus tout, tous réunis pour lui donner le baiser de bienvenue, le suprême, l'éternel baiser : les saints, les saintes, les Anges, la mère du Ciel, Marie, — et, qu'on me permette de le supposer, sa mère de la terre, la mère qui retrouvait son enfant. — Et le Seigneur Jésus lui dit la grande parole : « Venez, la bénie de mon Père ! »

A celle qu'on avait méconnue vivante, on prodigua, morte, toutes les marques de la vénération la plus touchante. Enveloppée dans un blanc linceul, le front ceint d'une couronne d'épis et de bluets, on la porta de la ferme à l'église, par les champs tant de fois témoins de sa charité, de ses prières et de ses miracles, et le peuple lui fit un triomphal cortège. Ce fut au pied de la chaire, dans l'église, suivant l'usage du temps, que sa tombe fut creusée ; c'est là qu'elle fut déposée simplement. La pierre qui recouvrait son corps demeura vierge de toute inscription et de tout signe distinctif, comme pour permettre un plus prompt oubli.

SECONDE PARTIE

XV

Et peu à peu le bruit, cette fumée de bruit que Germaine avait si innocemment faite par le miracle des roses et par sa mort, s'évapora, s'évanouit... Les jours de l'homme sont courts, mais plus courte encore sa mémoire. Involontairement on se rappelle le saisissant passage du P. Lacordaire : « Je le veux, une prière amie nous suit au delà de ce monde, un souvenir pieux prononce encore notre nom ; mais bientôt le ciel et la terre ont fait un pas, l'oubli descend, le silence nous couvre, aucun rivage n'envoie plus sur notre tombe la brise éthérée de l'amour. C'est fini, c'est à jamais fini, et telle est l'histoire de l'homme dans l'amour! »

Pendant quelque temps encore, sans doute, on s'entretint, dans les chaumières de Pibrac, de la pauvre Germaine; puis une heure vint où rien d'elle, rien de son souvenir ne demeura plus chez ceux qui l'avaient connue. Sa vie, sa piété, ses miracles et son long martyre humblement supporté, tout cela était passé à l'état d'imprécise légende, perdu dans l'infini des temps... Quant à sa tombe, nul ne savait plus où elle était placée.

Morte, tout entière morte, en vérité, la pastoure! Non, Dieu attendait son jour!

En 1644, une des parentes de Germaine, nommée Endoualle, mourut, et le fossoyeur vint à creuser sa tombe à la place oubliée où reposait depuis quarante-trois ans le corps de la sainte. La dalle soulevée, l'homme se rejeta en arrière avec un cri d'épouvante. D'un coup de sa pioche, il venait de mettre à découvert un cadavre inconnu. Comment se trouvait-il ainsi à fleur de terre? Question sans réponse si la certitude du miracle ne s'imposait pas ici.

Le bruit se répand dans Pibrac. On s'assemble et, devant le curé et les notables de la commune, on enlève le corps du tombeau et l'on entr'ouvre le suaire. O prodige, la sainte est là telle qu'elle y fut mise jadis. La mort n'a pas fait son œuvre habituelle. Tous les membres sont intacts, et recouverts de leur chair encore molle et presque souple, la langue et les oreilles sont seulement desséchées ; et la pioche, en effleurant le visage, y a fait comme une plaie vive. Une main tient un petit cierge ; les bluets sont à peine fanés, et, dans les épis, le seigle s'est conservé frais, comme moissonné d'hier. Mais on ne se souvient plus quelle jeune fille a été enterrée là.

Une aïeule s'avance qui montre un des bras difforme et des cicatrices d'écrouelles; elle se rappelle qu'elle a enseveli dans ce suaire jauni par la terre, mais intact comme le reste, celle qu'on appelait la petite sainte de Pibrac, Germaine Cousin. Et les plus anciens confirment son dire.

Alors, au milieu de l'étonnement et de

l'admiration universels, on exposa, droit dans le cercueil, contre la chaire, le corps de la Bergère si miraculeusement découvert. Et ce fut le commencement de la réparation et des prodiges, l'entrée de Germaine dans la gloire des saints.

XVI

Il advint en effet que Dame Marie de Clément de Gros, épouse de noble Ferdinand de Beauregard, qui avait son banc non loin de la chaire, se trouva incommodée du voisinage de ce cadavre; elle en témoigna son mécontentement et ordonna qu'il fût éloigné. — C'était son droit — et bien plus encore le droit de Dieu de la punir.

Quelques jours après, son unique enfant était à l'agonie et elle-même atteinte d'une grave infirmité... Sur les exhortations de son mari, elle se tourna vers la sainte qu'elle avait si légèrement méconnue et la supplia de pardonner... La nuit suivante, l'ulcère avait disparu et l'enfant était guéri, ainsi qu'en une brève vision sainte Germaine le lui avait assuré.

Pour témoigner de sa reconnaissance et de son repentir, elle offrit une caisse de plomb où l'on déposa la précieuse relique qui fut ensuite portée à la sacristie. — Ceci se passait en 1645.

C'est là que, le 22 septembre 1661, Jean Dufour, archidiacre de l'Eglise métropolitaine et vicaire général de l'archevêque de Toulouse, Pierre de Marca, au cours d'une visite pastorale, l'aperçut et demanda des explications. On lui dit la vie de Germaine, sa mort, la découverte du corps admirablement conservé, les grâces obtenues, les miracles constatés. — Il ordonna qu'on ouvrît le cercueil : depuis seize ans rien n'avait changé; telle on avait vu alors la sainte inanimée, telle elle apparaissait encore... — Jean Dufour, en homme prudent, voulut s'assurer qu'il n'y avait là ni supercherie, ni cause purement physique et humaine. Il fit exhumer cette femme Endoualle qu'on avait déposée vingt ans auparavant dans la tombe de Germaine... C'était quelque chose qui n'avait plus de nom dans aucune langue... Le miracle était patent, corroborré par les déclarations de deux vieillards contemporains de la sainte.

Le vicaire général dressa procès-verbal et s'éloigna en laissant à Dieu le soin d'indiquer clairement l'heure où devait sonner le triomphe définitif de Germaine.

Mais comme les prodiges se multipliaient, on songea en 1700 à demander au Saint-Siège sa Béatification. Une enquête fut prescrite par Colbert, évêque de Toulouse, et faite par le R. P. de Morel, vicaire général, le 5 janvier de cette même année, Jacques de Lespinasse, syndic de la communauté de Pibrac, étant postulateur de la cause. — On constata les mêmes phénomènes que les premières fois; des chirurgiens spécialement mandés firent mention que le corps s'était conservé en dehors de tout procédé quelconque d'embaumement; ils essayèrent sans y parvenir de rompre les linges et le suaire qui enveloppaient la sainte. Même ces choses étrangères et fragiles, cette atmosphère de miracle les conservait... Et le nombre fut grand de ceux qui vinrent raconter les bienfaits obtenus par l'intercession de Germaine.

Malheureusement un fatal concours de circonstances rendit ces démarches pieuses complètement vaines. Les travaux préparatoires même, à Rome, furent interrompus, dit L. Veuillot, « par défaut de ressources pour parer aux frais de procédure », et finalement disparurent.

En 1793, Pibrac n'échappa point aux incursions des bandits de Toulouse. Un Toulza, membre du district révolutionnaire en ces jours troublés, en d'autres temps fabricant de vases d'étain, fit une descente à l'église avec mission expresse de détruire le corps de Germaine. Il se trouva trois hommes du pays pour l'aider. — La caisse de plomb servit à faire des balles — car c'étaient gens pratiques; quant aux restes de la bienheureuse, ils les précipitèrent dans une fosse creusée en pleine sacristie, qu'ils recouvrirent d'eau et de chaux vive. Les misérables qui n'avaient pas craint de prêter les mains à ce sacrilège ne tardèrent pas à être effroyablement punis. On assure cependant que deux d'entre eux obtinrent leur guérison par l'intercession de la Bergère de Pibrac...

Plus tard, en des temps plus calmes, le maire, Jean Cabriforce, et l'administrateur intrus Jean Montastruc, cédant aux vœux de la population tout entière, firent ouvrir la fosse. La chaux vive avait dévoré les chairs, le reste du corps était intact ainsi que le suaire dont il était enveloppé...

On rendit à la sainte relique sa place habituelle d'autrefois dans la sacristie, et de nouveau tous les malheureux, les affligés et les malades vinrent pieusement y prier et y demander aide, protection et guérison.

Mais l'Église, desservie par un schismatique, leur fut interdite par Mgr Du Bourg, depuis évêque de Limoges, alors administrateur du diocèse.

Le peuple catholique s'inclina devant la décision de l'autorité. Seulement, — du côté où se trouvait la sacristie, en dehors du cimetière, — les fidèles continuèrent de venir implorer leur sainte... Et Germaine les entendait et les exauçait.

Pibrac devint bientôt un lieu de pèlerinage très fréquenté.

Comme la sacristie était trop petite pour contenir les visiteurs et les suppliants accourus de tous les coins de la France, le bon curé, M. Dupoix, secondé avec beaucoup de zèle par M. Montagne, son vicaire, fit construire dans une des chapelles de l'église une sorte d'ouverture où l'on déposa le corps de sainte Germaine. Une belle grille en fermait l'entrée et les prêtres passaient une partie de la matinée à faire toucher aux ossements bénis des linges et des objets de piété... C'était, en réalité, une exposition publique et permanente : ce que les règlements canoniques interdisent formellement.

Aussi, en attendant les décisions de

Rome qu'on allait de nouveau provoquer, la Relique fut-elle placée dans un monument élevé sur le sol du cimetière.

XVII

En effet, Mgr d'Astros, métropolitain de Toulouse, devant la persistance croissante de la vénération générale et les nombreux miracles chaque jour cités, se résolut à reprendre la cause de la Béatification.

Il avait raison... Déjà les témoignages et les récits touchant la vie et les vertus héroïques de sainte Germaine perdaient de leur précision et tendaient à s'embrumer. La Révolution et l'Empire, en bouleversant le pays, avaient presque dénoué, rompu la chaîne des traditions domestiques. Les jeunes ne savaient rien, les très vieux se faisaient de plus en plus rares.

L'archevêque demanda à ses frères dans l'Episcopat leur approbation et leur concours, en même temps qu'il faisait parcourir les diocèses où sainte Germaine était en vénération, pour y recueillir tous les documents nécessaires au grand projet qu'il avait formé... Quatre cents miracles ou grâces signalées et trente lettres d'archevêques et d'évêques français, tel fut le résultat de cette pieuse campagne.

... Mais, à Pibrac, les habitants, inquiets, semblaient peu disposés à se prêter au triomphe de leur Bergère e

Protectrice. C'est à eux qu'il appartenait de nommer le Postulateur de la cause... Ils s'y refusèrent : « Nous n'avons pas besoin de tous ces honneurs pour notre Sainte. Nous la prions, elle nous exauce ; cela nous suffit. Elle est à nous et nous voulons la garder. »

Plus tard, quand une commission préparatoire vint tenir séance dans l'église même, tout Pibrac était là, à la porte... femmes, enfants, vieillards et jeunes gens. Ils avaient peur qu'on ne leur enlevât la précieuse Relique tant vénérée, et ils étaient décidés à employer la force si on ne tenait pas compte de leurs désirs. On eut beaucoup de peine à leur persuader qu'on n'avait nulle mauvaise intention.

Le premier promoteur se nommait

M. Barthier, supérieur des Missionnaires de Pibrac; ce titre fut aussi donné à M. l'abbé Estrade, qui le remplaça plus tard.

C'est dans les premiers jours de janvier 1845 que Rome fut saisie de la cause; le pape Grégoire XVI accueillit avec beaucoup de froideur les ouvertures qui lui furent faites à ce sujet. Il craignait de ne trouver là qu'une petite célébrité locale servant de piédestal à quelque ambitieux pour se mettre en lumière; il appréhendait quelque enthousiasme irréfléchi et mal placé... Il étudia et peu à peu il fut conquis, comme tant d'autres, par le charme infini de cette virginale figure... De ce jour, il se donna complètement au triomphe de sainte Germaine, qu'il proclama Vénérable le 23 mai 1845.

L'Eglise, qui n'agit jamais à la légère, montre plus de prudence encore et s'entoure de plus de lumières quand il s'agit de placer quelqu'un sur les autels. Le Procès avait été long; les événements de 1849, contraignant Pie IX à prendre le chemin de l'exil, en retardèrent encore la marche.

Ce fut seulement le 24 juin 1853 que le Saint-Père signa le décret de Béatification...

« Nous, disait l'Immortel Pontife, touché des prières de tous les prélats français et de tout le clergé, tant régulier que séculier, du conseil de la même Congrégation des Rites, de Notre autorité apostolique, par la teneur des présentes, Nous permettons que la Vénérable servante de Dieu, Germaine Cousin, soit désormais qualifiée de *Bienheureuse*, et que son corps et ses restes ou reliques soient publiquement exposés à la vénération des fidèles, sans autoriser néanmoins à les porter dans les processions solennelles... »

Ce fut le signal des grandes fêtes qui, tour à tour, à Saint-Pierre de Rome, à Toulouse et à Pibrac, donnèrent lieu aux démonstrations les plus convaincantes de piété et d'enthousiasme... Le petit village natal de Germaine, singulièrement, fit à sa sainte tant aimée une superbe ovation.

XVIII

« Toutes les causes de Béatification ne sont pas tenues à produire le même nombre de miracles. L'Eglise établit une sorte d'échelle de proportion où brille la sagesse toute divine qui l'inspire en ces solennelles affaires. A mesure que le témoignage des hommes sur la sainteté des serviteurs de Dieu semble perdre de la force en s'éloignant de l'époque où ils ont vécu, elle exige que la voix de Dieu lui-même, parlant par les miracles, se fasse entendre plus souvent en leur faveur. Ainsi, lorsque, dans le procès apostolique sur les vertus, on a entendu des témoins contemporains et oculaires, deux miracles suffisent. Si les dépositions ont été faites par des témoins auriculaires qui tenaient eux-mêmes les faits par eux attestés des témoins oculaires et contemporains, l'Eglise demande trois miracles. Si enfin les témoins ne tiennent que de la tradition les prodiges qu'ils révèlent, quatre miracles sont nécessaires. Ce dernier cas était celui que la cause de Germaine présentait. » (L. Veuillot.)

Voici, à grands traits, les quatre miracles qui furent retenus par la cour de Rome pour la Béatification de sainte Germaine :

I. — Ceci se passait à Bourges, en 1845. Les religieuses du Bon-Pasteur tiennent là une maison où elles recueillent les jeunes filles perdues, et les autres, celles qui sont déjà sur le versant qui conduit à la chute. Il y avait alors dans la communauté 17 religieuses, 59 pénitentes et 40 jeunes filles dont la plus âgée n'avait pas dix-sept ans. — C'était, au total, 116 personnes à nourrir. Les ressources étaient maigres, la détresse telle — une dette de dix mille francs venant augmenter encore la situation si précaire de la maison — qu'on ne savait plus, à la lettre, si le pain n'allait pas manquer. La sœur supérieure, Marie du Sacré-Cœur, eut recours, pleine de confiance, à sainte Germaine. Un miracle était nécessaire pour les sauver ; elle demanda humblement et ardemment ce miracle. Il fut recommandé aux sœurs converses chargées de faire le pain de diminuer d'un tiers la quantité de farine qu'elles avaient coutume d'employer. Les bonnes sœurs, peu convaincues, n'obéirent que d'une façon très imparfaite. Elles mirent plus de farine qu'on ne le leur avait commandé, moins qu'il n'en fallait pour la quantité de pain ordinaire... Le résultat fut ce qu'il devait être normalement : les pains plus petits et moins nombreux. — Une seconde fois l'épreuve fut faite : on avait usé exactement ce qu'avait dit la supérieure. Le miracle ne se produisit encore pas... Alors, sœur Marie du Sacré-Cœur sentit chanceler sa confiance et fut sur le point de retirer ses premiers ordres. Une circonstance fortuite et tout extérieure l'en empêcha... Et quand les sœurs panetières se mirent en devoir de faire cuire la pâte, elles s'aperçurent que, loin de diminuer, elle augmentait, au contraire. Sainte Germaine avait enfin exaucé les prières de ces âmes virginales... Deux fois encore le miracle se produisit ; la dernière, pendant le procès apostolique.

II. — Ce n'est pas tout, et la maison du Bon-Pasteur n'avait pas épuisé la charitable protection de la petite Bergère. On avait acheté, à la fin du mois d'octobre, trois cent soixante mesures de farine. Cette provision devait servir à alimenter tout le personnel de l'asile jusqu'aux premiers jours de janvier. Or, la farine ne diminuait pas, encore qu'on en consommât chaque semaine une certaine quantité; et, jusqu'au commencement de février, on eut de quoi faire du pain : c'était environ cent cinquante mesures de farine dont sainte Germaine avait fait l'aumône — suivant les traditions de son cœur — aux religieuses si généreusement dévouées à tant de pauvres filles.

III. — Jacqueline Casala avait été atteinte, dès son bas âge, d'une maladie rachitique que nul remède n'avait pu vaincre ni atténuer. Travaillée continuellement par d'atroces douleurs, elle était incapable de se tenir debout et passait toutes ses journées au lit ou attachée sur une chaise. Sa mère, Louise Moreur, fervente chrétienne, s'adressa à sainte Germaine et fit vœu d'aller trois fois à

Pibrac, en pèlerinage, pour obtenir la guérison de son enfant. En 1828, elle emmenait Jacqueline et accomplissait son troisième voyage... Pour ne pas attirer l'attention, elle négligea d'attacher la malheureuse infirme sur la chaise où elle assistait au saint sacrifice de la messe. Quand la mère se leva, à la communion, et se dirigea vers la sainte table, l'enfant, sans effort, se leva à son tour et suivit sa mère. Sainte Germaine avait fait son œuvre.

IV. — Ce fut à sa seule confiance en la puissance de la sainte Bergère que Philippe Luc dut la guérison d'une fistule scrofuleuse avec carie des os. Il avait passé deux mois à l'hôpital de Toulouse (Saint-Jacques), et toute la science des médecins avait abouti à ce désolant diagnostic que la maladie était incurable et l'enfant perdu. Philippe, âgé de quatorze ans, fit à pied, avec d'atroces souffrances, le pèlerinage de Pibrac. Il pria auprès du tombeau de Germaine avec toute la ferveur de sa foi triomphante. Le miracle ne se produisit pas. Il rentra dans son village, attristé, non découragé, persuadé que tôt ou tard il serait exaucé. Le soir, sa mère enveloppa la plaie avec des linges qui avaient touché le corps de la bienheureuse. Quand il se réveilla et demanda qu'on le pansât de nouveau, tout était inutile : la fistule était entièrement fermée, il était guéri.

XIX

Germaine était béatifiée, — c'était bien, — mais cela ne suffisait pas au zèle et à la reconnaissance de tous ceux qui l'aimaient et n'avaient jamais en vain imploré le secours de sa puissante protection.

Mgr Desprez, archevêque de Toulouse, d'accord en cela avec le sentiment unanime du peuple chrétien qui tenait de plus en plus en honneur le culte de sainte Germaine, fit les plus actives démarches auprès de Pie IX pour que l'œuvre si bien commencée fût achevée et la canonisation prononcée. Mais que faut-il pour que la canonisation soit prononcée ? Beaucoup de personnes l'ignorent probablement : après enquête et procès spéciaux, la Sacrée Congrégation des Rites prononce que le Bienheureux, depuis le bref qui l'a reconnu pour tel, a opéré deux miracles véritables et approuvés par elle-même ; alors il est « Saint ».

Voici en quels termes le « Postulateur » raconte l'introduction de la cause devant les cardinaux qui composent la Sacrée Congrégation des Rites :

« Tout le monde s'est écrié : le Doigt de Dieu est là ! quand on a vu tous les esprits passer subitement de l'état d'incertitude et de suspension où ils se trouvaient, au commencement du procès de cette simple Bergère, à une unanimité admirable sur l'héroïcité de ses vertus, même avant la dernière Congrégation sur cette matière. Tout le monde s'est écrié : le doigt de Dieu est là ! quand, dans le procès sur les miracles, on a vu se produire le même accord et la même unanimité pour les reconnaître et les approuver, quoique, dans la quantité innombrable de ces faits prodigieux, on eût choisi ceux qui paraissaient devoir donner lieu aux difficultés les plus graves. On a crié également : le doigt de Dieu est là ! quand on a vu, en moins de neuf ans, depuis l'ouverture du procès, l'humble Bergère de Pibrac solennellement offerte à la vénération des fidèles dans la Basilique du Vatican. Mais qui pourrait ne pas proférer le même cri : le Doigt de Dieu est là ! pour peu que l'on veuille examiner les circonstances de cette chrétienne apothéose ? Qu'a donc fait de si singulier et de si glorieux cette Vierge obscure pour émouvoir à ce point les esprits et les yeux du spectateur ? Qui connaissait seulement en Italie, avant ce jour, le nom de Germaine ? Qu'a de commun l'histoire de sa vie avec ce qui nous touche ?

» Nous avons vu en cette année 1854, et l'année dernière, monter aux honneurs des autels plusieurs serviteurs de Dieu. Tous se recommandent par l'éclat des vertus, par le martyre, par la prédication évangélique, par la fondation de congrégations religieuses ; tous, à raison de leurs liens avec les instituts religieux dont ils firent partie, étaient connus du monde et déjà regardés comme des héros. Et pourtant nous n'avons point vu toute cette émotion populaire, tout ce désir de connaître leur vie, tout cet empressement à se procurer leur histoire et leur image. Des milliers d'exemplaires de la vie de Germaine ont été distribués et ils ne suffisent pas pour satisfaire les demandes que les fidèles font, à l'envi, de l'histoire de notre Bienheureuse, demandes sorties non seulement de Rome, mais des autres villes de l'Etat Pontifical et même des Etats voisins. Comment s'expliquer ce fait quand on songe à l'humble condition de notre Vierge, à l'obscurité de sa vie, dans un pays éloigné des lieux où brille l'éclat de ses vertus ? Est-ce que « le doigt de Dieu n'est pas là ? »

» Si, pour obtenir la signature de la commission pour la reprise d'une cause, on est dans l'habitude de présenter des preuves de la continuation du bruit de la sainteté, nous ne voyons pas que l'on puisse proposer une preuve plus convaincante, plus solide que ce consentement universel dont nous sommes tous les témoins, que nous voyons de nos yeux, que nous touchons de nos mains, que nous voyons briller d'un tel éclat que, pour le mettre en doute, il faudrait nous faire violence à nous-mêmes. Laissons de côté les guérisons merveilleuses que l'on dit avoir été opérées, à Rome même, par le seul contact de Germaine ; un prodige bien plus éclatant et bien plus propre à établir solidement la réputation de sainteté, c'est ce que nous venons de raconter. Si pourtant on veut des preuves écrites, n'avons-nous pas autant de témoignages de réputation de sainteté que nous avons de lettres écrites par les Cardinaux, les Evêques et les Supérieurs des Ordres réguliers, lettres que nous avons remises à l'éminent rapporteur de la Cause ? Car, en demandant au Souverain Pontife les honneurs suprêmes de la canonisation pour celle qu'ils voient déjà placée sur les autels, ils manifestent assez leur opinion sur la sainteté de celle pour laquelle ils sollicitent ces nouveaux hommages !... »

La citation est longue, mais j'ai pensé qu'il serait bon, avant de clore ce bref récit, de laisser la parole à quelqu'un de ceux qui se sont plus spécialement dévoués au culte de sainte Germaine.

Malgré la rapidité avec laquelle on s'empressa d'agir, le procès ne fut terminé qu'en 1867. Le 29 juin, dix-huitième centenaire du martyre de saint Pierre et de saint Paul, le Saint-Père, entouré de plus de cinq cents patriarches, Archevêques et Evêques, devant une foule innombrable, inscrivit solennellement au catalogue des saints, Germaine Cousin, Vierge et Bergère de Pibrac.

Ce fut l'occasion de nouvelles fêtes qui surpassèrent encore les premières en splendeur et en enthousiasme. Il en a été fait de très intéressants récits ; ce qu'on n'a pu rendre, c'est l'allégresse des cœurs, ce qu'on ne saura jamais, ce sont les bénédictions tombées des mains de notre sainte sur tant d'âmes accourues la supplier.

XX

Une vie de sainte sans conclusion pourrait paraître étrange : un peu de morale ne messied pas en pareille circonstance.

Plus d'un, parmi les nombreux et souvent très éloquents panégyristes qui ont célébré Germaine Cousin, n'a pas manqué de faire remarquer avec beaucoup de vérité et de bon sens qu'en glorifiant la pauvre Bergère, l'Eglise glorifiait, en quelque manière, la vie des champs, le paysan, l'ouvrier, les humbles et les déshérités. Si j'osais, je dirais que cette sainte est une sainte égalitaire; et ce n'est pas rien, de nos jours, où les édifices publics, à peu près seuls, prêchent l'égalité.

Or, pour rendre un plus solennel et durable hommage à Germaine, les catholiques populations du Midi voulurent, en 1877, lui élever sur la place Saint-Georges, à Toulouse, un monument artistique dû à la collaboration de M. Puyot pour l'architecture et de M. Falguière pour la sculpture. Et c'est Mgr Desprez qui procéda, au milieu d'un grand concours de peuple, à son érection et à sa bénédiction.

Jamais, semble-t-il, idée ne fut par elle-même plus populaire et plus franchement d'actualité. Par malheur, cette

Bergère avait grand renom de sainteté ; on l'accusait de faire de nombreux miracles : la municipalité de Toulouse jugea qu'elle ne pouvait rester sur son piédestal, car elle attentait affreusement à la liberté de conscience ! Pendant la nuit du 15 juillet 1881, on démolit le monument, après avoir enlevé la statue.

Ce bel exploit peut faire hausser les épaules ; il n'est cependant pas le seul qu'on puisse citer, chacun sait cela ; l'inconséquence et la bêtise sont la logique des sectaires. Assurément, cet acte de basse et inepte intolérance n'a pas entamé le crédit ni diminué la sainte renommée de Germaine ; le peuple chrétien n'en continue pas moins de s'adresser à Elle comme à sa protectrice naturelle — et toute puissante.

Mais c'est un triste symptôme, dans la vie d'une nation, que celui-là : de grands hommes d'occasion hissés sur le piédestal d'où l'on précipite les saints. Qu'on renverse quelques statues de rois, j'y consens, — quoique ce soit bien sot, — puisque nous sommes en pleine démocratie... Mais la sainte Bergère de Pibrac ! Mais tant d'autres ! Mais les christs chassés de partout et même des cimetières !

« Les dieux s'en vont ! » s'écriait-on au temps de Rome décadente. Est-ce que nous n'allons pas bientôt entendre une clameur plus effrayante encore : « Dieu s'en va ! Dieu est parti ? »

Sainte Germaine, prenez en pitié « la tant doulce terre de France ! »

APPENDICE

APPENDICE

Nous avons dit, en quelques phrases brèves, l'enthousiasme soulevé dans le monde catholique par la Béatification et la canonisation de sainte Germaine. Il ne nous paraît pas inutile de citer ici la relation faite par *l'Univers* des fêtes célébrées à Pibrac les 25, 26, 27 juillet 1854. Ce document montrera de quel cœur et avec quel élan le peuple a célébré sa sainte patronne.

La patrie de la bienheureuse Germaine Cousin, le village de Pibrac, est située à une vingtaine de kilomètres de Toulouse. Les deux seuls monuments de la localité, l'église et le château féodal, subsistent encore comme au seizième siècle, au temps de la bienheureuse Bergère. Seulement l'intérieur de l'église s'est revêtu d'une brillante décoration d'architecture, reflet de la gloire qui rayonne autour de la Bienheureuse; mais la façade, le clocher et les autres murs n'ont subi que de rares et imperceptibles modifications. On a bien réellement sous les yeux l'église fréquentée, il y a deux cent cinquante ans, par la pieuse Bergère. Le château féodal conserve, de son côté, ses tourelles, ses fenêtres à plusieurs baies croisées, et même, si l'on nous a bien renseigné, ses anciens maîtres, qui, sous les règnes de François Ier et de Charles IX, y attiraient parfois les grandeurs de la royauté et les illustrations du parlement; mais la mémoire d'une pauvre paysanne remplit seule maintenant tout le village, et l'église et le château.. On recherche le sentier qu'elle suivait de sa maison à l'église, le ruisseau grossi par les pluies torrentielles qui lui fermait inutilement le passage, les champs où elle paissait son troupeau, et l'humble réduit qui soustrayait son sommeil aux mauvais traitements de sa marâtre. Il y a dans tous ces lieux un charme qui nourrit la foi et ennoblit l'humanité.

Le premier jour du *triduo*, le 25 juillet, ces modestes campagnes de Pibrac et des environs présentaient un aspect indicible ; tout respirait fête et triomphe. Sur toutes les avenues on voyait accourir une multitude de pèlerins de tout âge et de toute condition. La grande diligence, la voiture de place, les calèches de luxe, le char-à-bancs industriel et le rustique tombereau se pressaient, se confondaient dans un curieux pêle-mêle. Quelques tentes dressées tout auprès ajoutaient à la simplicité du spectacle.

Les pèlerins qui étaient venus à pied et ceux qui avaient quitté leurs voitures gravissaient, joyeux et empressés, jusqu'au sommet du village. Là encore des aspects nouveaux et des scènes de foi inattendues. Autour de l'église, sous le porche, contre le cimetière, au pied de la grande croix du village, on avait dressé des autels, où des prêtres nombreux et des communiants infiniment plus nombreux encore se succédaient dans un saint recueillement qui n'était point interrompu par les flots mouvants de la foule. Huit mille parcelles de la divine Eucharistie avaient été préparées d'avance. Le nombre des conviés a été plus grand, et nous avons vu nous-même, dès huit heures du matin, de dignes femmes s'éloigner de l'autel, tristes et résignées, sans avoir pu apaiser leur faim spirituelle. On accomplissait les actes les plus augustes de la religion en plein air et au milieu d'une foule immense, comme on aurait fait dans l'oratoire le plus retiré et le plus recueilli.

Vers neuf heures, une belle procession se développe de l'église au presbytère, où venaient d'arriver les évêques présidents de la solennité. Plus de trois cents prêtres, accourus de plusieurs diocèses, les députations de tous les ordres religieux, les filles habillées de blanc et chantant des cantiques composés sur les vertus et sur les miracles de la Bienheureuse, allaient chercher les évêques et les conduire au lieu où reposaient encore les dépouilles de Germaine Cousin. On remarquait, au milieu et sur les rangs du cortège, les Trappistes de Notre-Dame du Désert. Les Pères Dominicains suivaient de près; l'illustre Père Lacordaire était l'un des enfants de saint Dominique venus pour abaisser la science et l'éloquence catholiques devant une pauvre ignorante. Les Pères Jésuites étaient en plus grand nombre que les autres religieux; nous y avons vu le

Père Maillard, provincial, le Père Ogerdias, recteur, le Père de Lavigne, le Père Pérard, etc. Un parent de la pieuse Bergère était là pour recueillir cet héritage inattendu de gloire, dont les titres passaient sous nos yeux dans ces hommes, ces femmes et ces enfants, qui portaient un cierge en témoignage public des guérisons et des autres grâces miraculeuses qu'ils reconnaissaient avoir reçues personnellement de la bienheureuse Germaine.

Les évêques sortent du presbytère, répandent sur la foule respectueuse et agenouillée leurs pastorales bénédictions. Mgr l'évêque de Poitiers paraît le premier, crosse en main; Mgr de Limoges s'avance ensuite, la tête couverte d'une mitre magnifique; enfin Mgr l'archevêque de Toulouse élève majestueusement la tête au-dessus du clergé et du peuple. Le cortège arrive bientôt auprès de l'église, à l'endroit où reposent les reliques. Qui pourrait dire les joies enthousiastes, quoique contenues, de la foule, à la vue de cette châsse ruisselante d'or et de lumière? C'est un spectacle impossible à rendre. Le peuple, qui débordait de tous les côtés les rangs disciplinés de la procession, laissait échapper en accents à demi étouffés le saint orgueil de ses transports. C'était leur sainte, leur bergère, leur compatriote, qui allait prendre solennellement possession de sa nouvelle résidence dans l'église, où elle s'était jadis agenouillée comme une humble pécheresse. Le sujet sculpté sur le couronnement de la châsse renouvelait l'émotion produite par la première apparition de ce beau cercueil. La Bergère est agenouillée devant une croix agreste, tandis qu'un petit troupeau prend doucement sa pâture à ses côtés. L'édicule qui porte ce charmant dôme consiste en une suite d'arcatures, ou plutôt de fenêtres ogivales aux doubles baies et aux clochetons richement fleuronnés. La veille au soir, deux commissaires archiépiscopaux,

M. l'abbé Féral et Mgr Estrade, procédaient à la dernière reconnaissance des reliques, et les plaçaient dans cette nouvelle tente, si différente de la chaumière où s'est écoulée la vie terrestre de la Bergère.

La translation des reliques effectuée conformément aux règles liturgiques, on en a confié la garde à la piété des jeunes filles de Pibrac, et l'on va célébrer la sainte messe dans une enceinte plus spacieuse, préparée sous les terrasses et sous les antiques chênes du château de Pibrac. Une grande estrade couverte de tentures et garnie de festons reçoit autour d'un autel les évêques et les trois cents prêtres présents à la cérémonie. Une seconde enceinte, également parasolée et distribuée en forme de basilique champêtre, couvre de son vaste ombrage l'élite de la société. Toulouse et la province s'y sont donné rendez-vous. Les Lostange, les Pérignon, les d'Aumont, les Pressac, les Narbonne, les de Luppé, les Dillon, les de Galard-Terraube, les Pannebœuf, les d'Almeyda, les de Saint-Lieu, les de Compaigne-d'Hautpoul, les de Nauroy, les Dugabé et une foule d'autres dont les noms nous échappent maintenant.

Mgr l'archevêque de Toulouse a chanté la grand'messe devant une assemblée de dix mille personnes au moins, groupées autour de l'antique manoir; les murailles étaient couvertes de vastes toiles représentant quelques-unes des scènes de cette vie glorifiée; armoiries d'un ordre nouveau, que la résidence féodale n'avait pas encore portées.

A l'évangile, Mgr l'évêque de Poitiers a prononcé un éloquent panégyrique. Après cet admirable discours, Mgr l'archevêque de Toulouse a achevé le saint-sacrifice, le premier qui ait été célébré à Pibrac en l'honneur de la pauvre Bergère.

Mgr l'archevêque d'Albi a présidé les belles cérémonies de la clôture. Grand'messe et vêpres, prédications et saluts, tous les grands actes du culte se déroulaient sous la même tente et à l'ombre des mêmes chênes. La béatification d'une bergère réclamait ce temple champêtre, non moins que l'immense multitude des spectateurs.

Après le magnifique discours de Mgr de Poitiers, un chanoine de Toulouse, M. l'abbé Salvan, a su trouver la matière d'un nouveau panégyrique, dans lequel il a démontré deux choses : premièrement, que la vie de la bienheureuse Germaine avait été une mort, et secondement, que sa mort était devenue existence et vie, et qu'ainsi, en la faisant passer de la mort à la vie, du néant à l'existence, Dieu avait accompli un acte de haute création. Ce discours a terminé la première journée du *triduo*.

Le troisième jour, M. l'abbé Sourieu, de la congrégation du Calvaire, établie à Toulouse, distinguait deux vies dans l'existence totale de la bienheureuse Germaine : la vie obscure et souffrante dans les vingt-deux ans qui l'ont menée à la tombe, et la vie glorieuse et puissante, depuis qu'elle est doublement ressuscitée, grâce à ses miracles et grâce au décret vivificateur du Père souverain des fidèles. L'unité de plan nous fait rapprocher deux discours séparés non seulement par un long et beau jour de fête, mais encore par un autre panégyrique, qui a été l'événement de la deuxième journée et dont nous allons dire un mot. Du reste, le même cadre renfermait deux tableaux bien différents. Les couleurs de M. Sourieu ne ressemblent guère à celles de M. Salvan. Il fallait bien que tous les tons fussent employés en l'honneur de la jeune héroïne, le ton de l'admiration académique comme celui des sentiments doux et des conceptions philosophiques.

Le P. Corail a pris son texte dans une pastorale biblique, et pour ainsi dire sur les lèvres d'une autre Germaine. Il n'y a pas loin d'une glaneuse à une bergère : « Ton Dieu sera mon Dieu, disait Ruth à Noémi, ton peuple sera mon peuple. » Le Dieu de Germaine Cousin a été le Dieu de la souffrance ; son peuple le peuple des champs. Ainsi les honneurs rendus à Germaine sont : 1° la glorification de la souffrance ; 2° celle de la vie des champs.

Glorification de la souffrance : 1° par une belle ressemblance de la bienheureuse Germaine avec Jésus-Christ, les vingt-deux ans de sa vie s'étant écoulés sur un Calvaire ; 2° par les sympathies de l'Eglise envers cette pauvre affligée ; 3° par les consolations que Dieu lui a prodiguées : combien de fois son cœur s'est raffermi au pied de la croix de bois des héritages rustiques ! — D'une part, Germaine trouve un père faible, une marâtre atroce, des frères qui la renient ; de l'autre, un Dieu, son père, son frère, son ami ; elle entend ces douces paroles : « Vous êtes ma sœur, ma colombe... »

Allocution émouvante à ceux qui ne communient pas ; 4° par l'application des béatitudes évangéliques à la vie de Germaine : larmes, douleur, pauvreté, persécution, etc., également glorifiées dans la vie de Germaine et dans l'Evangile ; 5° par l'apostolat de la souffrance depuis saint Paul jusqu'à ces saintes âmes du seizième siècle, les contemporains de la Bergère ; *Deus nos apostolos novissimos ostendit...* « Ou souffrir ou mourir ! Vos épines, ô mon Dieu, sont mes roses ».

La bienheureuse Germaine est encore la glorification de la vie des champs. Car, 1° elle met en relief les avantages moraux de cette vie, première condition humaine des patriarches, école de respect pour la vieillesse, principe conservateur de la morale, de la religion, foyer d'abnégation et de modestie entretenu par l'indispensable coopération de la Providence à la production agricole. Quelle réhabilitation de la vie méprisée jadis du paysan, dans ce Sauveur qui naît sur la paille d'une étable, et dans cette bergère, couverte de haillons et couchant sur un grabat de sarments ! 2° La béatification de Germaine met en honneur le clergé des campagnes. Le prône de la messe du village a tout appris à Germaine : que de Germaines ne se forme-t-il pas tous les jours, qui n'auront de trône que dans les cieux !... Une faveur marquée accompagne les éloges que l'orateur laisse tomber, au nom du clergé de la ville, sur celui de la campagne. 3° Le culte rendu à la Bienheureuse illustre par le petit village, centre de la vie agricole. Quelle splendeur environne déjà le nom de Pibrac ! Tu ne seras plus une des dernières bourgades seigneuriales : *nequaquam minima es in parvulis Juda.* Tu as donné le nom et la sainteté d'une bergère à Rome ; Rome, en échange, t'a fait illustre.

Si imparfaite qu'elle soit, cette analyse donnera peut-être une idée d'un discours qui a eu tant d'écho dans les lieux où chaque mot renfermait une vérité locale ou un sentiment patriotique.

Les pèlerins employaient très utilement et très chrétiennement tout le temps qui n'était occupé ni par les offices ni par les prédications. A l'église de Pibrac, les dépouilles de la Bienheureuse recevaient les hommages d'une foule sans cesse renouvelée. Plusieurs ecclésiastiques servaient d'intermédiaires entre le peuple et la bergère. Leur occupation, depuis le matin jusqu'au soir, consistait à « faire la chaîne » des objets pieux qu'on soumettait à un rapide et précieux contact.

Les petits sentiers qui conduisaient autrefois la Bienheureuse de sa maison à l'église, à travers le ruisseau le Courbet, s'étaient élargis aux dépens des héritages voisins, sous les pas des visiteurs. Nous avons été surpris de voir un bouquet de fleurs les plus simples à la main de la plupart de ceux qui revenaient de « Maître-Laurent », nom de la maison de Germaine

Cousin. Notre surprise a fait place à la curiosité, et l'on nous a dit de la meilleure foi du monde que cette espèce de bruyère ne fleurit pas en cette saison, et qu'elle n'a fleuri cette année que dans un seul endroit de la forêt, où la bergère menait son troupeau, à une petite distance de sa maison. Quoi qu'il en soit de ce fait, bien facile à vérifier, il est indubitable qu'il fleurissait dans les âmes une foule de sentiments chrétiens, frais et purs comme la fleur de Germaine. Nous avons été vivement touchés en voyant un peuple nombreux s'approcher avec respect de la maison où a vécu la bergère, du pauvre réduit de trois pieds de haut et de quatre ou cinq pieds de long où elle est morte. Les habitants actuels de cette maison étaient obligés d'opposer une surveillance spéciale aux instincts pieusement démolisseurs de la foule. Cette maison, agrandie, renouvelée depuis la mort de la Bienheureuse, est possédée maintenant par des personnes étrangères à la famille de Laurent Cousin. La porte d'entrée a été changée ; mais la place de l'escalier est la même.

Le troisième jour, à mesure que le moment de la clôture approchait, la foule allait grossissant. Tout à coup une nouvelle heureuse se répand dans tout le village : Mgr l'archevêque consent à une dernière exhibition des reliques, exhibition qu'on n'osait plus espérer. Aussi, lorsque la châsse, portée sur les épaules des prêtres, apparaît dans l'immense assemblée des fidèles réunis sous les tentes du château, l'enthousiasme est à son comble ; on oublie et le lieu et la cérémonie : vingt mille voix crient à la fois, en dépit de toutes les prescriptions liturgiques : « Vive la bienheureuse Germaine ! » Infraction pardonnable des règles, irrésistible épanchement d'une émotion qui dominait toutes les âmes. Pendant ces trois jours, cette émotion s'est traduite partout et de toutes les manières, ici par une brillante illumination vénitienne aux emblèmes religieux et au chiffre de la bergère, là par de gros feux de joie, à la façon de ceux de la Saint-Jean, échelonnés de ferme en ferme bien loin dans la campagne. Nous avons entendu, jusque sur les voitures publiques, chanter par de jeunes et modestes bergères le cantique et les litanies de la Bienheureuse, qu'on avait entremêlés à tous les exercices du *triduo.*

Des personnes exercées à l'évaluation des masses ont cherché à se rendre compte du nombre des pèlerins. Leurs supputations limitent ce nombre entre 20 et 30,000 environ le premier jour, 20,000 le second, 25,000 le troisième : en trois jours 75,000 âmes, et au fort de la moisson, par des journées très chaudes, et après une année de disette. Ces chiffres, rapprochés de ces circonstances, n'en disent-ils pas plus que toutes les phrases ? Pas un seul accident fâcheux n'a eu lieu au milieu de cette foule immense, tenue en respect par le sentiment religieux mieux que par les huit ou dix gendarmes et les trois ou quatre officiers de police, les seuls représentants de la force publique au *triduo* de la bienheureuse et pacifique Germaine Cousin.

BREF DE BÉATIFICATION

PIE IX, SOUVERAIN PONTIFE

POUR EN CONSERVER LE SOUVENIR

Dieu, créateur et arbitre immortel de toutes choses, n'a rien tant en horreur que l'orgueil insensé des hommes : aussi a-t-il frappé et rempli d'affliction ceux qui, comptant sur eux-mêmes, se sont laissés aller à une vaine présomption, tandis que, soutenant par son assistance divine les humbles et les petits, il les a destinés à l'accomplissement des choses les plus étonnantes. Nous le voyons dans l'histoire de l'Ancien Testament dirigeant lui-même la main d'un jeune homme pour abattre l'audace de ce géant qui faisait l'espoir de l'armée des Philistins ; nous le voyons encore remplissant d'une ardeur guerrière une faible femme pour mettre à mort Holopherne. De semblables prodiges se sont renouvelés dans tous les siècles suivants où Dieu s'est plu à choisir ce qu'il y a d'infirme en ce monde pour confondre ce qui est fort. Nous en avons un exemple frappant au seizième siècle. On vit alors des hommes enflés de je ne sais quelle vaine sagesse, ennemis de Dieu au delà de toute mesure, essayer de captiver sous les lois de l'orgueil une intelligence qui se devait toute à la Foi, enfanter pour la ruine des âmes les plus abominables systèmes de monstrueuses erreurs. Mais en même temps une humble et simple jeune fille, issue d'un bourg sans renom, vraie et sincère dans la pratique de la dévotion, aidée d'en haut par l'esprit de sagesse et d'intelligence, dépassa tout ce qu'on pouvait attendre de son âge et de sa condition dans l'exercice des plus sublimes vertus ; et comme un astre nouveau elle répandit un merveilleux éclat, non seulement sur l'Eglise de France qui l'avait vue naître, mais encore sur l'Église universelle. Or, ce fut à Pibrac, bourg du diocèse de Toulouse, qu'elle naquit de parents pauvres, en 1579 ; et, dans sa régénération dans les eaux du baptême, elle reçut le nom de Germaine. Destinée à souffrir dès le début de sa carrière, elle aperçut devant elle la voie des plus amères douleurs, et elle y entra avec un cœur inondé de joie. Elle avait perdu sa mère de bonne heure, et une marâtre sévère lui fit sentir les plus mauvais traitements. Rejetée, à son instigation, du toit paternel, tout affligée qu'elle était des écrouelles, elle fut chargée de garder un troupeau. Ce genre de vie fut pour la vénérable jeune fille l'occasion d'avancer à grands pas dans la pratique de la perfection. La solitude des champs et le silence des forêts ne lui offrant rien qui pût fixer son cœur et l'attacher aux choses périssables de la terre, elle le consacra à Dieu irrévocablement. Brûlant d'amour pour lui, soit qu'elle conduisît ses brebis aux pâturages, soit que, selon les habitudes de son sexe, elle filât sa quenouille, jamais elle ne perdit l'esprit d'oraison. Fidèle à ses pratiques de piété, elle ne put être détournée de leur accomplissement ni par la longueur des trajets ni par le mauvais état des chemins. Elle laissait son troupeau au milieu des forêts, et, se reposant avec confiance sur les soins de la Providence divine, quelque éloignée qu'elle fût de l'église, elle s'y rendait tous les jours pour assister au saint sacrifice. Elle aimait à se purifier souvent par le sacrement de pénitence, et puis elle allait s'asseoir à la Table sainte pour s'y nourrir de la divine Eucharistie. Elle honorait d'une vénération toute filiale la sainte Mère de Dieu et lui rendait fréquemment les hommages de son respect et de sa dévotion. Son cœur tout brûlant d'amour pour Dieu ne s'en ouvrait pas moins à la charité envers le prochain; elle lui venait en aide selon ses humbles ressources, toutes les fois que l'occasion s'en présentait soit pour l'âme soit pour le corps.

Ainsi, elle avait l'habitude d'apprendre aux enfants les mystères de la foi et de les former à la piété; et, quoiqu'elle n'eût pour toute nourriture qu'un peu de pain, elle s'en privait pour apaiser la faim des indigents. Elle donnait des preuves éclatantes et singulières de sa douceur, de sa patience et de sa constance dans le bien. Elle endurait, en veillant au troupeau qui lui était confié, les rigueurs du froid et du chaud. Elle souffrait, dès son enfance, de la maladie des écrouelles. Toutes les fois qu'elle rentrait dans la maison paternelle, c'était, de la part de sa marâtre, de mauvais traitements qui semblaient croître chaque jour en dureté et en rigueur. Si elle voulait prendre un peu de repos, elle était obligée de se coucher sur de la paille dure, dans un réduit obscur de la maison. Ces souffrances et ces vexations ne purent l'abattre : bien au contraire, on vit toujours la gaîté sur son front, signe non équivoque du bonheur qu'elle ressentait de souffrir et d'être méprisée pour devenir conforme à l'image du Fils de Dieu.

Tandis que cette jeune fille, pleine d'innocence, persévérait avec joie et ardeur dans le dessein qu'elle avait formé de tendre à la perfection même, pour la récompense qu'avaient méritée ses travaux, elle reçut, à l'âge de vingt-deux ans, une vie éternellement bienheureuse en échange de cette vie périssable et pleine de misères. Tout le monde avait été frappé de la splendeur de tant de vertus ; on la regardait comme une sainte, et cette réputation de sainteté, loin de cesser ou de diminuer après sa mort ne fit que s'étendre de tous côtés. Elle s'accrut même, lorsque, quarante ans après le décès de cette jeune vierge, on trouva ses dépouilles mortelles parfaitement conservées, sans la moindre corruption, et recouverte de fleurs d'une fraîcheur incomparable. Ce prodige fut le prélude d'un nombre considérable d'autres prodiges que la puissance suprême opéra sur le tombeau de la servante de Dieu. Le bruit en vint aux oreilles de l'autorité archiépiscopale de Toulouse, qui trouva bon de faire de juridiques informations sur ces dépouilles mortelles encore dans le sein de la terre, mais toujours sans corruption ; et deux témoins oculaires, qui avaient bien connu Germaine pendant sa vie, affirmèrent leur identité. Les prélats qui se succédèrent alors sur le siège de Toulouse reconnurent que ces belles vertus, auxquelles Dieu lui-même rendait témoignage, méritaient d'être déférées au Siège apostolique, afin qu'il plaçât au rang des saints celle qui les avait pratiquées. Mais survinrent ces temps si douloureux et si funestes pour l'Eglise de France et même pour l'Église universelle qui amenèrent des obstacles à la poursuite de cette affaire. On ne saurait toutefois assez vénérer les desseins de la divine Providence, qui a réservé cette cause pour l'époque où nous vivons, afin que l'exemple de cette jeune fille qui, par l'innocence de sa vie et la pratique de l'humilité, est parvenue à la gloire des bienheureux, ranime et fortifie la foi presque éteinte dans le cœur de plusieurs, et que les mœurs s'amendent selon les règles de la religion chrétienne. Néanmoins, comme il s'était écoulé deux cent quarante-deux ans depuis la mort de la vénérable servante de Dieu, il semblait presque impossible de recueillir assez de témoignages pour informer et juger sur les vertus et sur les miracles opérés par son intercession, afin qu'elle pût être inscrite sur le catalogue des bienheureux. Mais

Dieu, qui élève les humbles, a fait disparaître toutes les difficultés, et il faut convenir que ce n'est pas sans une Providence toute spéciale que la tradition des actions de la vénérable Germaine et des prodiges qui la concernent soit parvenue jusqu'à nous, constante et sans altération. Ce qui frappe d'abord, c'est que l'on voit encore à Pibrac des familles qu'on y voyait tandis que Germaine était encore sur la terre, et qu'il se soit rencontré dans ces familles des membres dont la vie ait été prolongée pour qu'à l'aide de trois ou quatre témoins le souvenir des faits soit arrivé jusqu'à nous. Tout ce qui touche aux vertus de cette vierge très innocente et à la série non interrompue de ces miracles a été transmis des bisaïeux aux aïeux, aux petits-fils et à leurs descendants, avec tant d'assurance et d'intégrité que, dans une si longue suite d'années, on remarque, dans les récits de tous, une admirable ingénuité, une admirable simplicité, un admirable accord; ce qui constitue des caractères très certains et des preuves incontestables de vérité. Aussi, après un soigneux examen des vertus de la vénérable Germaine fait par nos vénérables frères les cardinaux de la sainte Eglise romaine préposés à la congrégation des Rites, et après avoir adressé à Dieu de ferventes prières, nous avons déclaré ouvertement, par un décret publié le VII des calendes de juin 1850, qu'il constait des vertus de la servante de Dieu en un degré héroïque. Alors et dans la même congrégation, a été commencé le jugement sur quatre miracles que l'on disait avoir été opérés de Dieu par son intercession.

Après un sévère examen, ces miracles furent approuvés d'après les suffrages des consulteurs et l'avis des cardinaux; et Nous, ayant d'abord imploré l'assistance et le secours du Père des lumières, avons rendu, le IIIe des nones de mai de l'année dernière 1853, un décret sur la vérité des miracles précités. Enfin, et pour dernière formalité, la susdite congrégation a été assemblée devant Nous, selon l'usage, la veille des calendes de juin, et après avoir recueilli les suffrages des consulteurs, elle a été d'avis à l'unanimité que lorsque Nous le trouverons à propos, on pourrait en sûreté décerner à la vénérable servante de Dieu les honneurs de la Béatification, avec tous les indults qui y sont attachés, en attendant la célébration solennelle de sa canonisation. Pour Nous, touché des prières de tous les évêques de France, de tout le clergé, tant régulier que séculier, sur l'avis des cardinaux précités, chargés de veiller à ce qui regarde les Rites légitimes, de notre autorité apostolique, accordons par la teneur des présentes lettres la faculté de désigner désormais la vénérable servante de Dieu Germaine Cousin sous le nom de Bienheureuse, et d'exposer publiquement à la vénération des fidèles son corps, ses restes ou reliques, avec la restriction cependant qu'ils ne seront pas portés aux processions solennelles. Nous permettons encore par la même autorité la récitation de l'office en son honneur et la célébration de la Messe prise du commun des vierges, avec les oraisons propres approuvées par Nous, selon les rubriques du Missel et du Bréviaire romains. Nous limitons toutefois cette faculté à la paroisse de Pibrac et au diocèse de Toulouse, fixant le 15 juin à tous les fidèles séculiers et réguliers qui sont tenus à la récitation des heures canoniales ; et, pour la messe, elle pourra être célébrée par les prêtres qui se rendront dans les églises où se célèbrera la fête de la Bienheureuse. Nous accordons, enfin, la permission de célébrer la solennité de Béatification de la susdite servante de Dieu dans les Églises du diocèse de Toulouse, avec office et messe du rite double-majeur, dans l'année qui suivra l'expédition des présentes. Nous prescrivons, toutefois, que le jour de cette solennité sera fixé par l'ordinaire, et après seulement qu'elle aura été célébrée dans la Basilique du Vatican, nonobstant les constitutions et dispositions apostoliques, décrets de non-culte, publiés jusqu'à ce jour, et tous actes contraires. Nous voulons au surplus, que même foi absolument soit ajoutée aux copies, même imprimées, des présentes lettres, pourvu qu'elles soient signées de la main du secrétaire de la susdite congrégation et munies du sceau de son préfet, que celle qu'on ajouterait à l'expression de notre volonté par la manifestation des présentes.

Donné à Rome, à Saint-Pierre, sous l'anneau du pêcheur, le premier jour du mois de juillet 1853, la huitième année de notre pontificat.

A. card. Lambruschini.

ÉMILE COLIN — IMPRIMERIE DE LAGNY

ÉMILE COLIN — IMPRIMERIE DE LAGNY

www.ingramcontent.com/pod-product-compliance
Ingram Content Group UK Ltd.
Pitfield, Milton Keynes, MK11 3LW, UK
UKHW020559180726
13838UKWH00001B/345